Barbara Kiener

AF537827

66 Spielideen Deutsch

einfach, kreativ, motivierend

Auer

In diesem Werk sind nach dem MarkenG geschützte Marken und sonstige Kennzeichen für eine bessere Lesbarkeit nicht besonders kenntlich gemacht. Es kann also aus dem Fehlen eines entsprechenden Hinweises nicht geschlossen werden, dass es sich um einen freien Warennamen handelt.

4. Auflage 2024
© 2016 Auer Verlag, Augsburg
AAP Lehrerwelt GmbH
Alle Rechte vorbehalten.

Das Werk als Ganzes sowie in seinen Teilen unterliegt dem deutschen Urheberrecht. Der*die Erwerber*in der Einzellizenz ist berechtigt, das Werk als Ganzes oder in seinen Teilen für den eigenen Gebrauch und den Einsatz im eigenen Präsenz- oder Distanzunterricht zu nutzen.

Produkte, die aufgrund ihres Bestimmungszweckes zur Vervielfältigung und Weitergabe zu Unterrichtszwecken gedacht sind (insbesondere Kopiervorlagen und Arbeitsblätter), dürfen zu Unterrichtszwecken vervielfältigt und weitergegeben werden. Die Nutzung ist nur für den genannten Zweck gestattet, nicht jedoch für einen schulweiten Einsatz und Gebrauch, für die Weiterleitung an Dritte einschließlich weiterer Lehrkräfte, für die Veröffentlichung im Internet oder in (Schul-)Intranets oder einen weiteren kommerziellen Gebrauch. Mit dem Kauf einer Schullizenz ist die Schule berechtigt, die Inhalte durch alle Lehrkräfte des Kollegiums der erwerbenden Schule sowie durch die Schüler*innen der Schule und deren Eltern zu nutzen. Nicht erlaubt ist die Weiterleitung der Inhalte an Lehrkräfte, Schüler*innen, Eltern, andere Personen, soziale Netzwerke, Downloaddienste oder Ähnliches außerhalb der eigenen Schule. Eine über den genannten Zweck hinausgehende Nutzung bedarf in jedem Fall der vorherigen schriftlichen Zustimmung des Verlags.

Sind Internetadressen in diesem Werk angegeben, wurden diese vom Verlag sorgfältig geprüft. Da wir auf die externen Seiten weder inhaltliche noch gestalterische Einflussmöglichkeiten haben, können wir nicht garantieren, dass die Inhalte zu einem späteren Zeitpunkt noch dieselben sind wie zum Zeitpunkt der Drucklegung. Der Auer Verlag übernimmt deshalb keine Gewähr für die Aktualität und den Inhalt dieser Internetseiten oder solcher, die mit ihnen verlinkt sind, und schließt jegliche Haftung aus.

Autor*innen: Barbara Kiener
Umschlagfoto: Fotolia
Illustrationen: Steffi Aufmuth, Corina Beurenmeister, Stefanie Czapla, Julia Flasche, Steffen Jähde, Hendrik Kranenberg, Thorsten Trantow, Bettina Weyland
Satz: Fotosatz H. Buck, Kumhausen
Druck und Bindung: Franz X. Stückle Druck und Verlag e.K.
ISBN 978-3-403-**07783**-1

www.auer-verlag.de

Vorwort

Das Spielen trägt bei Kindern maßgeblich zur Entwicklung der kognitiven und motorischen Fähigkeiten bei. Vor allem in der Schule wird das Spiel gerne als Lernmethode eingesetzt. Es bringt Abwechslung zum Schulalltag und besitzt motivierenden Charakter. Die Schüler[1] merken oft gar nicht, dass sie dabei lernen.

Es gibt viele Möglichkeiten, Spiele sinnvoll in den Unterricht einzubauen und geforderte Wissensbereiche abzudecken. Gerade die „spielerische" Bewegungspause kommt den heutigen Schülern entgegen, das Gelernte zu erweitern und zu vertiefen, und lässt sie unbewusst wieder konzentrierter mitarbeiten.

Zudem werden durch das Spielen im Unterricht die geforderten Kompetenzen, die die Schüler während ihrer Schullaufbahn erwerben und weiterentwickeln sollen, unterstützt. Durch Partner- und Gruppenspiele wird die Sozialkompetenz gefördert, da sich die Schüler verständigen müssen und Eigenschaften wie Team-, Kommunikations- und Konfliktfähigkeit gestärkt werden. Auch die Sach- und Fachkompetenz wird bei der Bearbeitung der gestellten Aufgaben benötigt.

Es ist wichtig, dass Spielen im Unterricht mehr Aufmerksamkeit erhält, da die Schüler mit allen Sinnen die Sprache erlernen, vertiefen und erleben und dadurch der Unterricht von Lebendigkeit, höherer Leistungsbereitschaft und größerem Interesse profitiert.

Die aufgeführten Spielideen decken alle Bereiche des Deutschunterrichts ab und können als gezielte Vertiefung des Gelernten und als gute Wiederholung für bestimmte Bereiche eingesetzt werden, die während des ganzen Schuljahres bzw. jahrgangsübergreifend immer wieder ins Gedächtnis gerufen werden sollen (z. B. die Spielideen der Bereiche „Rechtschreiben" und „Sprache untersuchen"). Weiterhin bieten die folgenden Spielideen eine „Fundgrube" an Vorschlägen, die jederzeit auch auf andere Themenbereiche übertragen und in ihrem Schwierigkeitsgrad abgeändert werden können, was vor allem dem unterschiedlichen Schülerklientel und dem heterogenen Leistungsstand der Schüler sehr entgegenkommt.

Um Ihnen den Einsatz der Spielideen in Ihrem Unterricht zu erleichtern, wurden folgende Symbole verwendet:

 = Einzelspiel

 = Partnerspiel

 = Gruppen- oder Klassenspiel

1 Aufgrund der besseren Lesbarkeit ist in diesem Buch mit Schüler auch immer Schülerin gemeint, ebenso verhält es sich mit Lehrer und Lehrerin etc.

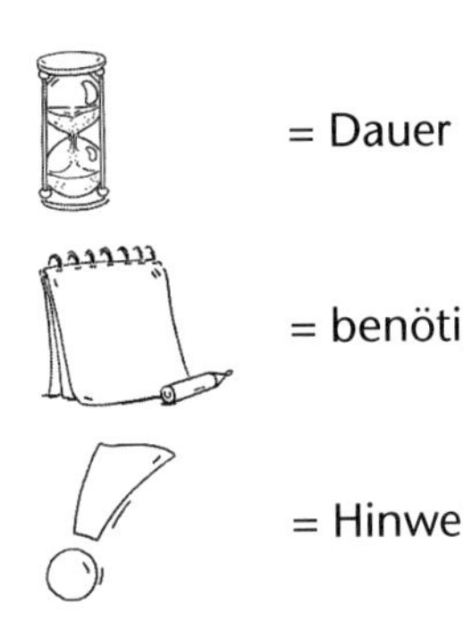

= Dauer

= benötigte Materialien

= Hinweise zur Vorbereitung

= Einsatzmöglichkeiten und Zielsetzung

Selbstverständlich sind die Zeitdauer und die empfohlene Jahrgangsstufe nur als Richtwert zu sehen und können jederzeit variiert werden. Alle Spielideen wurden in der Praxis erprobt und haben sich bewährt. Auch wenn einige Ideen etwas Vorbereitung benötigen, werden Sie lange davon profitieren, da sie dann jederzeit einsatzbereit sind.

Ihnen und Ihren Schülern wünsche ich viel Spaß und Freude bei der Umsetzung der Spielideen. Sie werden von ihrem motivierenden Einsatz im Unterricht überzeugt sein!

Barbara Kiener

1.1 Das Spiegelbild

10 Min.

Kl. 5/6

keine

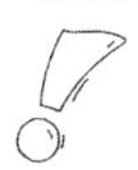

Besprechen Sie im Vorfeld die Funktion von Gestik und Mimik.

szenisch spielen

Zwei Partner stehen sich gegenüber. Einer der beiden beginnt, anhand seiner Mimik auszudrücken, dass er fröhlich, traurig, wütend, nachdenklich etc. ist. Er versucht, dies durch seine Gestik zu verdeutlichen. Der andere Schüler übernimmt die Funktion eines Spiegels, indem er seinen Partner nachahmt. Anschließend werden die Rollen getauscht.

1.2 Mein Leben als ...

20 Min.

Kl. 5/6

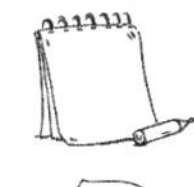

Karteikarten

Bereiten Sie Karten vor, auf denen Gegenstände abgebildet sind, z. B. ein Buch, ein Baum, eine Schultasche ...

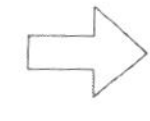

zu und vor anderen sprechen

Die Schüler ziehen abwechselnd eine Bildkarte und erzählen dann zwei bis drei Minuten lang, was ihnen dazu einfällt. Da sich die meisten Schüler nicht zutrauen, spontan vor der Klasse zu sprechen, ist es sinnvoll, sie dementsprechend heranzuführen, indem sie Erzähltexte schriftlich verfassen, am eigenen Platz mit Stichpunktzettel sprechen, frei vor der Klasse reden ...

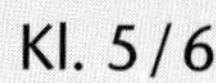

1.3 Billiger Jakob

  10–15 Min. 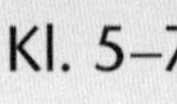 Kl. 5–7

 Karton, unterschiedliche Gegenstände, Stoppuhr

 Sammeln Sie so viele Gegenstände, wie Schüler in der Klasse sind.

 zu und vor anderen sprechen, verstehend zuhören

Der Klasse wird eine Schachtel mit Gegenständen präsentiert, eventuell dürfen die Schüler einen kurzen Blick hineinwerfen. Jeweils ein Schüler zieht blind einen Gegenstand und muss diesen dann spontan seinen Mitschülern mündlich anpreisen und verkaufen. Dabei kann die Zeit gestoppt werden. Sieger ist, wer seinen Gegenstand am schnellsten verkauft hat. Jeder Schüler darf nur ein Objekt erwerben. Der Spielleiter und zwei immer wechselnde Schüler bilden die Jury.

1.4 Die etwas andere Kurzgeschichte

 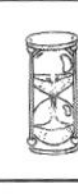 15–20 Min. Kl. 5–10

 keine

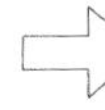 keine

zu und vor anderen sprechen

Vor Spielbeginn werden im Klassenverband möglichst viele Begriffe – evtl. auch zu einem ausgewählten Thema bzw. Themenbereich – gesammelt und zehn davon dem ersten Sprecher vorgegeben. Dieser muss innerhalb von ca. 30 Sekunden eine Kurzgeschichte erzählen, in der alle zehn Begriffe vorkommen.

Varianten:

- Dem Erzähler werden immer erst nach und nach die neuen Begriffe zugerufen, sodass er noch spontaner weitererzählen muss.
- Die Sprecher können auch in Zweierteams vortragen und sich beim Erzählen abwechseln.
- Das Spiel kann als Wettbewerb gestaltet werden, indem zwei Mannschaften gegeneinander spielen. Jeder Schüler, der in der vereinbarten Zeit eine Geschichte inklusive aller vorgegebenen Wörter erzählt, erzielt einen Punkt für seine Gruppe.

1.5 Hast du eine Lösung?

  20–30 Min. | Kl. 5–10

 Karteikarten (entsprechend der Schülerzahl)

 keine

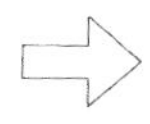 verstehend zuhören, zu und vor anderen sprechen

Jeder Schüler erhält eine Karte und notiert darauf ein Problem. Danach werden alle Karten eingesammelt, gemischt und wieder ausgeteilt. Nun schreibt jeder Schüler auf die Rückseite eine Lösung oder einen Ratschlag. Daraufhin werden die Karten erneut eingesammelt, in beliebiger Reihenfolge vorgelesen und im Klassenverband besprochen. Die Anonymität des Schreibens erleichtert es den Schülern, ehrlich zu sein.

Beispiele:

1. Ein Schulkamerad / Freund schuldet dir geliehenes Geld und gibt es nicht zurück.
2. Dein Freund ist neidisch auf deine guten Noten.

1.6 Hutgeschichten

 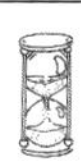 15 Min. | Kl. 5–7

 Hut, fünf bis sieben Karteikarten

 Schreiben Sie jeweils ein Wort (Nomen, Adverb oder Verb) auf die Karten.

 zu und vor anderen sprechen, Texte planen und schreiben

Die vorbereiteten Wortkarten werden gefaltet in einen Hut gelegt. Die Schüler dürfen nacheinander ein Kärtchen ziehen und notieren ihr Wort an der Tafel (Bsp.: Es werden insgesamt sieben Wortkarten gezogen: Urlaub, Zelt, nachts, Jonas, suchen, lachen, Gebüsch). Nun lautet die Aufgabe, eine kleine Geschichte zu verfassen, in der alle sieben Wörter vorkommen. Entweder sie wird von jedem Schüler schriftlich notiert und dann vorgelesen oder einzelne Schüler erzählen die Geschichte spontan.

1.7 Das Dings

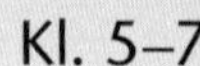

 Karteikarten (entsprechend der Schülerzahl)

 Schreiben Sie auf jedes Kärtchen ein Nomen.

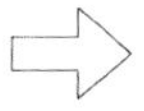 zu und vor anderen sprechen, verstehend zuhören

Der Lehrer lässt jeden Schüler eine Wortkarte ziehen, auf der jeweils ein Nomen steht. Die Schüler überlegen sich nun fünf bis sieben Sätze, die ihr „Dings" beschreiben. Dabei sollen sie vom Allgemeinen zum Speziellen vorgehen. Anschließend stellen sie der Klasse nacheinander ihr „Dings" anhand der Hinweissätze vor. Wer das Wort zuerst errät, erhält die Wortkarte. Sieger ist, wer am Ende die meisten Karten gesammelt hat.

Beispiel:

„Mein Dings ist grün."
„Mein Dings kann zerbrechen."
„Mein Dings kann gelegentlich zischen."
„Mein Dings kann kalt und heiß sein."
„Mein Dings hat einen flüssigen Inhalt."
Lösung: Getränkeflasche aus Glas

1.8 Wortfamilien-Bingo

  10 Min. 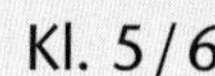 Kl. 5/6

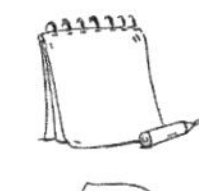 Stoppuhr

 Bereiten Sie Wortlisten zu unterschiedlichen Wort- und Sachfeldern vor.

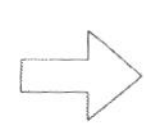 zu und vor anderen sprechen, verstehend zuhören

Die Klasse wird in zwei Gruppen aufgeteilt. Jedes Team bestimmt einen Schüler, der kurz das Zimmer verlassen muss, wenn seine Gruppe an der Reihe ist. Aus einem bestimmten Wort- oder Sachfeld wird jedem Schüler der ersten Gruppe ein Begriff zugeordnet, der an der Tafel notiert wird. Dann stehen alle Gruppenmitglieder von ihren Plätzen auf und der Schüler darf das Zimmer wieder betreten. Er muss nun versuchen, innerhalb einer vereinbarten Zeit mit allen an der Tafel notierten Wörtern eine Geschichte zu erzählen. Der Schüler, dessen Begriff genannt wird, darf sich hinsetzen. Nach Ablauf der Zeit ist die zweite Gruppe an der Reihe. Gewonnen hat die Gruppe, von der am Ende mehr Mitglieder auf ihren Stühlen sitzen.

1.9 Ja-Nein-Spiel

  15 Min. Kl. 5–7

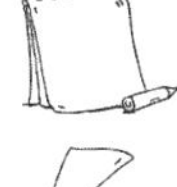 keine

 keine

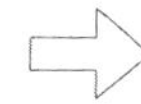 mit anderen sprechen, verstehend zuhören

Die Klasse bildet zwei Teams. Dabei spielen immer zwei Schüler (aus jeder Mannschaft einer) gegeneinander, indem der eine dem anderen (und umgekehrt) Fragen stellt bzw. mit ihm ein Gespräch anfängt. Beide dürfen allerdings bei ihren Antworten die Wörter „ja" und „nein" nicht verwenden. Geschieht dies doch, bekommt die gegnerische Mannschaft einen Punkt und zwei weitere Schüler beginnen erneut eine Unterhaltung.

Tipp: Es gilt eine Zeitvorgabe von 30 oder 60 Sekunden.

© Auer Verlag

2.1 Fremdwörter raten

  20 Min. 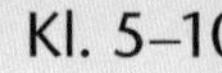 Kl. 5–10

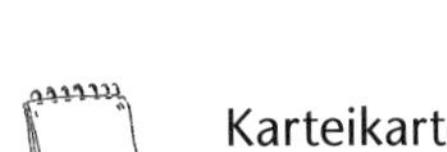

Karteikarten (entsprechend der Schülerzahl), Lexikon oder Fremdwörterlexikon (eines pro Gruppe)

keine

Medien verstehen und nutzen

Das Spiel funktioniert gut mit kleinen Gruppen (bis sieben Schüler). Jeder Spieler erhält eine Karte. Der Spielleiter sucht sich wahllos einen Begriff aus dem Fremdwörterlexikon aus und trägt diesen laut vor. Jeder Schüler denkt sich nun eine Erklärung für den Begriff aus und schreibt sie auf die Karte. Der Spielleiter notiert die richtige Bedeutung aus dem Lexikon ebenfalls auf einem Zettel. Dann werden alle Erklärungen eingesammelt, gemischt und laut vorgelesen. Jeder Teilnehmer (außer dem Spielleiter) tippt nun auf die seiner Meinung nach korrekte Antwort. Wer richtig lag, bekommt einen Punkt (auch möglich: die Antwort, auf die am meisten getippt worden ist, bekommt ebenfalls Punkte). Danach wird das Lexikon an den nächsten Spieler weitergegeben und die Ratenrunde beginnt erneut. Gewonnen hat, wer am meisten Punkte sammeln konnte.

2.2 Zeitungswörtersalat

  30–45 Min. Kl. 5–7

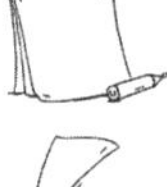

alte Tageszeitungen

keine

Medien verstehen und nutzen, über Schreibfertigkeiten und -fähigkeiten verfügen

Die Schüler werden in Kleingruppen eingeteilt. Jede Gruppe erhält eine Tageszeitung und die Aufgabe, ca. 30 Wörter auszuschneiden. Zudem wird vorgegeben, dass jedes Wort mit einem anderen Buchstaben anfangen muss. Anschließend versuchen die einzelnen Teams, möglichst schnell eine Kurzgeschichte aus diesen Wörtern zu basteln und aufzuschreiben. Gewonnen hat die Gruppe, die als erste fertig ist.

2.3 Suchsel

10 Min.

Kl. 5–10

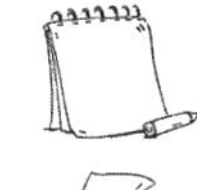

Suchsel

Bereiten Sie ein Suchsel mit geeigneter Wörterauswahl vor (evtl. mithilfe von www.suchsel.net).

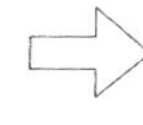

richtig schreiben

Schwierige Fremdwörter oder auch Merkwörter werden in einem Suchsel verpackt und können der Klasse somit spielerisch präsentiert werden. Sinnvoll ist, dass die Schüler die gefundenen Wörter nicht nur markieren, sondern diese auch schriftlich in einer Tabelle o. Ä. notieren.

Variante:
Statt des Suchsels kann auch ein Kreuzworträtsel verwendet werden.

2.4 Der längste Satz

20 Min.

Kl. 5/6

keine

keine

über Schreibfertigkeiten und -fähigkeiten verfügen, richtig schreiben

Die Spielidee kann sowohl in einer Kleingruppe als auch mit der ganzen Klasse umgesetzt werden. Der erste Schüler schreibt einen Satz, der nur aus Subjekt und Prädikat besteht. Dieser Satz muss dann von jedem weiteren Schüler um ein Wort bzw. Satzglied, das an beliebiger Stelle eingesetzt wird, verlängert werden. Es soll dabei ein möglichst langer und vor allem sinnvoller Satz entstehen.
Findet das Spiel in Kleingruppen statt, kann es auch als Wettbewerb gestaltet werden. Die Gruppe, die als erste einen Satz vollendet hat, gewinnt.

Beispiel:

Der Koch rührt.
Der dicke Koch rührt.
Der dicke Koch rührt mit einem Löffel.
Usw.

2.5 Synonyme-Wettspiel

10 Min.
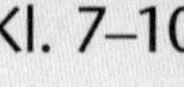
Kl. 7–10

keine

keine

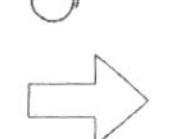
sprachliche Verständigung untersuchen und reflektieren, richtig schreiben

Jeder Schüler hält einen Zettel und einen Stift bereit. Der Lehrer gibt einen Begriff vor. Die Schüler müssen dann innerhalb einer Minute möglichst viele Synonyme finden. Wer die meisten Wörter mit gleicher Bedeutung bzw. sehr guter Umschreibung gefunden hat, hat gewonnen.

Beispiel:

Geschenk: Mitbringsel, Gabe, Schenkung, Spende, Stiftung …

Weitere Begriffe:

Suche, super, Geld, Haus, Schule, machen, müde, Fan, lustig, Auto

2.6 Alles, was ich mag

15–20 Min.
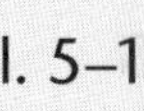
Kl. 5–10

keine

keine

richtig schreiben

Es wird ein Buchstabe festgelegt. Jeder Schüler notiert alles, was er gerne isst oder trinkt, nicht gerne isst oder trinkt, was er mag, nicht gerne mag. Voraussetzung ist, dass die Wörter mit dem vorher vereinbarten Buchstaben beginnen. Es kann eine bestimmte Zeit vorgegeben werden, z. B. zwei Minuten. Danach werden die Ergebnisse verglichen. Für Wörter, die doppelt oder mehrfach genannt werden, gibt es einen Punkt; für Wörter, die kein anderer hat, gibt es zwei Punkte.

Beispiele:

1. Alles, was ich gerne esse, mit dem Anfangsbuchstaben „E“:
   Erdbeeren, Eis, Erdnüsse …
2. Alles, was ich nicht mag, mit dem Anfangsbuchstaben „H“:
   Hitze, Heimweh, Hausarbeit, Hausaufgaben …

2.7 Zu wem gehöre ich?

 + 

 20–30 Min.

Kl. 5/6

 keine

 keine

 Texte planen und schreiben, richtig schreiben

Jeder Schüler überlegt sich einen, eventuell auch für ihn typischen Gegenstand o. Ä. (z. B. mein Fußball, mein Handy, mein Haustier ...) und schreibt einen kurzen Text, was dieser über ihn erzählen würde. Danach werden alle Zettel eingesammelt und vorgelesen. Nun muss geraten werden, zu welchem Schüler der Text bzw. der Gegenstand gehört.

2.8 Zwölf-Satz-Geschichte

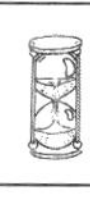 20 Min.

Kl. 5–7

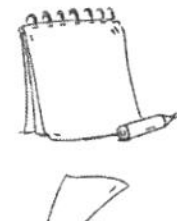 DIN-A4-Blätter (entsprechend der Gruppenanzahl)

 keine

 Texte planen und schreiben, richtig schreiben

Die Klasse kann in Zweierteams oder in Kleingruppen mit drei oder vier Personen eingeteilt werden. Der erste Schüler schreibt einen Satz auf einen Zettel, danach darf der nächste Schüler diesen lesen. Er faltet ihn so, dass er verdeckt ist, und schreibt einen passenden Satz dazu. Dann gibt er das Blatt an den nächsten Schüler weiter usw., bis der zwölfte Satz geschrieben ist. Danach wird das gefaltete Papier geöffnet und die Geschichte vorgelesen. Es entstehen dabei oft sehr lustige Texte.

2.9 ABC zu Themenbereichen

  20–30 Min. Kl. 5–7

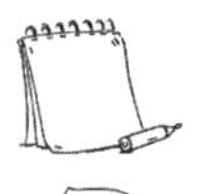 keine

 keine

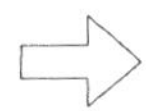 über Schreibfertigkeiten und -fähigkeiten verfügen, richtig schreiben

Die Schüler notieren das Alphabet (einen Buchstaben pro Zeile) auf einem Blatt. Dann wird ihnen ein Themenbereich vorgegeben, z. B. Weihnachten, Ferien, Schule, Jahreszeiten, die eigene Person (als Steckbrief verwendbar), und sie notieren zu jedem Buchstaben ein zum Thema passendes Wort. Es gelten Nomen, Adjektive und Verben. Eventuell werden die Buchstaben Q, X, Y, Z ausgelassen.

Beispiel:

Sommer:

Angeln

Badesee

Cabrio

Draußen

Erdbeeren

Ferien

Varianten:

1. ABC-Sätze

Die Schüler notieren das ABC (einen Buchstaben pro Zeile) auf einem Blatt, dann bilden sie zu jedem Buchstaben einen Satz, sodass eine Geschichte entsteht.

2. ABC-Zungenbrecher

Es wird ein zweisilbiges Wort, das mit dem Buchstaben A beginnt, vorgegeben, z. B. Auto. Die Schüler wiederholen nun abwechselnd das Wort mit einem wechselnden Anfangsbuchstaben. Wer sich verspricht, scheidet aus.

Beispiel:

1. Schüler: „Bauto."
2. Schüler: „Cauto."
3. Schüler: „Dauto."

Usw.

2.10 Elfchen

 keine

 keine

 Texte planen und schreiben, richtig schreiben

Diese Gedichtform ist ein wunderbarer, leichter Einstieg in die Welt des kreativen Schreibens. Sie eignet sich aber auch als kleine Unterrichtsauflockerung während der Erarbeitung verschiedener Themenbereiche.

Das Elfchen ist ein Gedicht (Lyrik im Miniformat), das sich nicht reimen muss und seinem Dichter sehr viel Freiheit erlaubt. Es besteht aus elf Wörtern und fünf Zeilen. Die Vorgaben können variieren.

1. Zeile: Ein Wort (z. B. eine Farbe oder eine Eigenschaft)
2. Zeile: Zwei Wörter (z. B. ein Gegenstand oder eine Person mit Artikel)
3. Zeile: Drei Wörter (z. B. der Ort, an dem sich der Gegenstand befindet, ein Merkmal des Gegenstands oder eine Beschreibung, was die Person tut)
4. Zeile: Vier Wörter (z. B. etwas über sich selbst schreiben)
5. Zeile: Ein Wort (als Abschluss des Elfchens)

Der Schüler, der das originellste Elfchen verfasst hat, wird zum Sieger gekürt.

Beispiel:

heiß
strahlender Sonnenschein
alle gehen baden
ich esse ein Eis
Ferien

2.11 Buchstabendiktat

  10 Min. 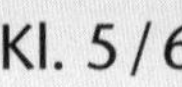 Kl. 5/6

 weiße DIN-A4-Blätter (entsprechend der Schülerzahl)

 Bereiten Sie für die Schüler Aufgaben vor (siehe Beispiel).

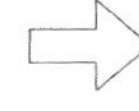 verstehend zuhören, über Schreibfertigkeiten und -fähigkeiten verfügen

Jeder Schüler erhält ein Blatt Papier. Der Lehrer diktiert seine Aufgaben und die Schüler führen diese zeitgleich mit aus. Am Ende werden alle Buchstabendiktate verglichen.

Beispiel:

1. Schreibe deinen Namen in Schreibschrift in die linke obere Ecke.
2. Schreibe in die Mitte des Blattes das Wort „Mitte" in Großbuchstaben.
3. Notiere ein großes „B" in der rechten oberen Ecke und vervollständige es zu einem sinnvollen Wort.
4. Teile das Blatt senkrecht, indem du den Buchstaben „o" fortlaufend aneinanderreihst.
5. Notiere am rechten Rand des Blattes senkrecht drei Dinge aus deinem Klassenzimmer.
6. Teile das Blatt waagrecht mit dem Wort „Ich" und schreibe es möglichst oft nebeneinander.

2.12 „Warum" und „Weil"

  15 Min. Kl. 5–7

 keine

 keine

 über Schreibfertigkeiten und -fähigkeiten mit anderen sprechen

Die Schüler arbeiten in Partnerarbeit zusammen. Jeder schreibt auf einen Zettel einen Fragesatz, der mit dem Wort „Warum" beginnt. Dann gibt er ihn an seinen Partner verdeckt weiter. Dieser notiert auf der Rückseite irgendeine Antwort, die mit „Weil" beginnt. Dies kann je nach Zeit beliebig oft wiederholt werden. Am Schluss werden alle Karten eingesammelt und die Fragen und Antworten laut vorgelesen. Es gibt sicher sehr viel zu lachen!

3.1 Wörterbuch-Überraschung

  20 Min. | Kl. 5/6

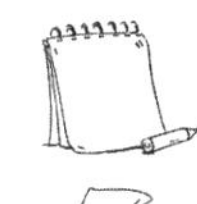 Würfel, Wörterbuch, Messer, Gabel, Zeitungspapier, Schnur, Süßigkeit

 Wickeln Sie die Süßigkeit in viel Zeitungspapier ein und verschnüren Sie diese.

 Medien verstehen und nutzen

Alle Schüler sitzen im Kreis auf dem Boden. In der Mitte liegen die verpackte Überraschung und ein Würfel. Bei Spielstart würfelt jeder Schüler nacheinander. Sobald die Augenzahl sechs gewürfelt wird, nennt der Lehrer eine Aufgabe zum Wörterbuch (Bsp.: Wie heißt der Plural von „Reklame"? / Wie lautet die Definition von „Rheuma"?). Der Schüler muss möglichst schnell im Duden nachschlagen können und die Lösung nennen. Hat er dies geschafft, darf er beginnen, die Überraschung mit Messer und Gabel auszupacken. Währenddessen wird aber weiter in der Runde gewürfelt. Sobald ein anderer Schüler eine Sechs gewürfelt und seinen Suchauftrag erfolgreich erledigt hat, werden das Päckchen und das Besteck an diesen weitergegeben. Das Spiel endet, wenn die Überraschung ausgepackt ist. Sie wird dann mit allen Mitschülern geteilt.

3.2 Nach „B", vor „L"

  20 Min. | Kl. 5–10

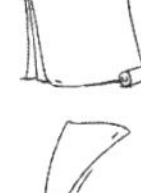 keine

 keine

 verstehend zuhören, sprachliche Strukturen untersuchen und reflektieren

Die Klasse sitzt im Stuhlkreis; ein Freiwilliger stellt sich in die Mitte. Er wählt einen Mitschüler aus, stellt sich vor ihn und sagt: „Nach ‚B', vor ‚L'!" (oder eine andere beliebige Buchstabenkombination). So schnell dieser kann, muss er die richtige Antwort (in diesem Fall „C" und „K") nennen. Ist seine Aussage fehlerhaft oder braucht er zu lange (evtl. vier bis sechs Sekunden laut mitzählen), muss er den Schüler in der Kreismitte ablösen und einem weiteren Mitschüler eine andere Buchstabenaufgabe stellen.

3.3 Alphabet-Champion

  20–30 Min. Kl. 5–7

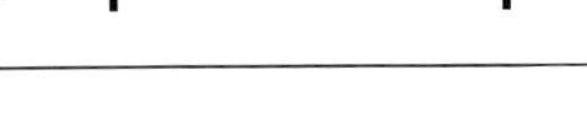

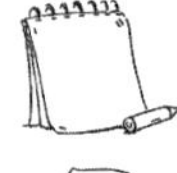 26 blaue und 26 rote Karteikarten, Klingel, Sichtschutz

 Schreiben Sie die Buchstaben des Alphabets einzeln je einmal auf die blauen und einmal auf die roten Karten.

 verstehend zuhören, sprachliche Strukturen untersuchen und reflektieren

Es werden zwei Tische mit einem Sichtschutz dazwischen benötigt, auf denen jeweils ein Satz mit gemischten Buchstabenkärtchen liegt. Zudem sollte die Klingel an einem zentralen Ort im Klassenzimmer stehen. Die Klasse wird in zwei Mannschaften eingeteilt; es spielen immer zwei Schüler gegeneinander. Der Spielleiter nennt ein selbstgewähltes Wort. Aufgabe der Spieler ist es nun, blitzschnell die Wortkarten mit dem Anfangsbuchstaben des genannten Wortes sowie die Buchstaben, die im Alphabet davor und danach stehen, zu suchen und sortiert auf den Tisch zu legen. Wer von den zwei Schülern zuerst die Klingel betätigt und ein richtiges Ergebnis hat, bekommt einen Punkt. Dann sind die nächsten zwei Schüler an der Reihe. Die Mannschaft, die die meisten Punkte gesammelt hat, wird als Alphabet-Champion gekürt.

Beispiele:

1. Genanntes Wort: Zirkus Y Z A
2. Genanntes Wort: Familie E F G

3.4 Wörter sortieren

10 Min. Kl. 5–7

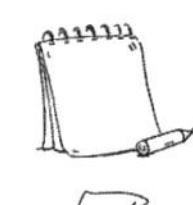 keine

 keine

 sprachliche Strukturen untersuchen und reflektieren, richtig schreiben

Der Spielleiter schreibt verdeckt 10 bis 20 Begriffe an die Tafel. Auf ein Startsignal hin werden die Wörter den Schülern präsentiert, die diese so schnell wie möglich nach dem Alphabet sortieren und schriftlich festhalten. Sieger ist, wer am schnellsten alle Begriffe in der richtigen Reihenfolge (ohne Rechtschreibfehler) geordnet hat.

4.1 Abecedarium

  20 Min. 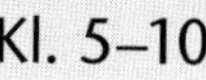 Kl. 5–10

 DIN-A4-Blätter (entsprechend der Schülerzahl), evtl. Wörterbuch

 keine

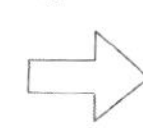 richtig schreiben, sprachliche Strukturen untersuchen und reflektieren

Die Schüler erstellen auf einem Blatt Papier ein Abecedarium (Aufstellung nach dem ABC). Der Lehrer kann dabei einen beliebigen Buchstaben nennen oder er gibt entsprechende Unterrichtsinhalte, wie z. B. Wörter mit „h", Wörter mit „ie" …, vor. Das Wörterbuch kann zu Hilfe genommen werden. Gewonnen hat der Schüler, der als erster zu allen Buchstaben ein passendes Wort notiert hat.

Beispiel:

E-Abecedarium (in jedem Wort ist ein „e" enthalten):

a: Arbeit	b: Besen	c: Chemie	d: deutsch	e: emsig
f: Felix	g: Gefahr	h: heute	i: Igel	j: Jerusalem
k: Kerosin	l: leise	m: mehr	n: nehmen	o: Onkel
p: peinlich	q: quer	r: reisen	s: Schule	t: trennen
u: Ufer	v: Verein	w: weinen	x: Xaver	y: Yen
z: Zebra				

4.2 Rechtschreib-Champion

  10 Min. Kl. 5–7

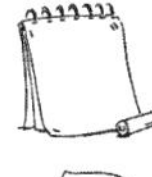 Karteikarten / Computer / Folie

 Fertigen Sie Bildkarten, eine PowerPoint-Präsentation oder eine Folie mit Abbildungen von Gegenständen an, die den Schülern häufig Probleme bei der Rechtschreibung bereiten.

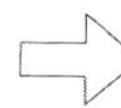 richtig schreiben

Den Schülern wird eine Bildersammlung von Gegenständen präsentiert. Die Abfolge der Bilder geschieht in kurzen Abständen. Die Schüler müssen sich parallel dazu die Begriffe in der richtigen Rechtschreibung notieren. Danach wird kontrolliert und verglichen. Gewonnen hat der Schüler, der die meisten Worte korrekt geschrieben hat.

Beispiele:

Akupunktur, Ballett, Büfett, Billard, Dekolleté, Joghurt, Karussell, Terrasse, Zucchini …

4.3 Laufdiktat

  30–45 Min. 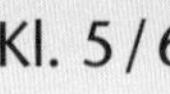 Kl. 5/6

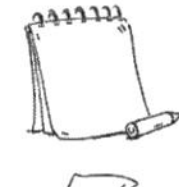 DIN-A4-Blätter (mindestens entsprechend der halben Schülerzahl)

 Fügen Sie in einen Diktattext Trennstriche für Diktierabschnitte ein. Vergrößern und kopieren Sie ihn mehrfach.

 richtig schreiben, Lesetechniken und -strategien anwenden

Das Laufdiktat muss im wahrsten Sinne des Wortes „erlaufen" werden. Dabei liegen mehrere Diktatvorlagen im Klassenzimmer verteilt. Jeder Schüler schreibt den Text an seinem eigenen Platz. Hierzu gehen die Schüler zu einer Vorlage, lesen still einen Abschnitt und merken sich diesen. Sie kehren auf ihren Platz zurück und schreiben ihn auf. Nach diesem Schema wird der ganze Diktattext erstellt. Hat ein Schüler etwas vergessen, muss er erneut zurückgehen. Wenn alle mit dem Schreiben fertig sind, kann im Klassenverband korrigiert werden. Der Schüler, der keinen Fehler gemacht hat, ist der Gewinner.

Notwendige Regeln:

1. Es darf nicht gerannt werden.
2. Der Text darf nicht laut vor sich hin gesprochen werden.

4.4 Wortpuzzle

  15 Min. Kl. 5–8

 DIN-A4-Blätter (entsprechend der Gruppenanzahl)

 keine

 sprachliche Strukturen untersuchen und reflektieren, richtig schreiben

Die Klasse wird in Kleingruppen eingeteilt. Jede Gruppe erhält ein Blatt Papier. Nennen Sie ein Wort, das notiert werden soll. Nun ist es die Aufgabe der Schüler, darunter einen weiteren Begriff zu schreiben, der durch Ändern (Einsetzen oder Weglassen) von einem oder zwei Buchstaben zu einem neuen Wort wird. Welches Team findet die meisten Begriffe? Das Spiel kann mit einer Zeitvorgabe begrenzt werden.

Beispiel:

HUND
HAND
HANS
HAUS
MAUS

kleines Sandsäckchen

keine

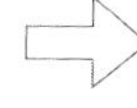

sprachliche Strukturen untersuchen und reflektieren

Alle Schüler stehen von ihrem Platz auf. Die Lehrkraft wirft einem Schüler das Sandsäckchen zu und nennt dabei den Infinitiv eines Verbs. Der Schüler muss das Säckchen zurückwerfen und das Verb in eine vorher vereinbarte Form setzen, z. B. Präsens, Perfekt, Plusquamperfekt, Futur 1 oder 2. Es muss im Voraus geklärt werden, ob der Schüler in einer bestimmten Person, z. B. 1. Person Singular, antworten soll oder ob diese frei wählbar ist.

Ist die Antwort richtig, darf er stehen bleiben, ist sie falsch, muss er sich auf seinen Stuhl setzen. Sieger ist, wer am Schluss als Einziger noch an seinem Platz steht.

Beispiel:

Vorgabe: 1. Person Singular / Präteritum
Lehrer: „Gehen."
Schüler: „Ich ging."

Varianten:

- Zwei Schüler werden gleichzeitig aufgerufen (evtl. ohne Wurf). Derjenige, der schneller richtig antwortet, darf stehen bleiben.
- Als Antwort werden mehrere Zeitformen verlangt, z. B. Perfekt und Plusquamperfekt.
- Das Verb muss in mehrere Personalformen gesetzt werden, z. B. 1. Person Singular und Plural.
- Anstelle von Zeitformen können auch Steigerungsformen abgefragt werden. Die Lehrkraft gibt die Grundstufe eines Adjektivs vor, der Schüler muss die beiden Steigerungsformen nennen.

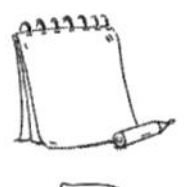 zwei verschiedenfarbige Würfel, Karteikarten, evtl. Lösungslisten

 Schreiben Sie auf die Karten jeweils ein Verb im Infinitiv.

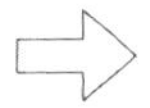 sprachliche Strukturen untersuchen und reflektieren

Erster Würfel – Personalform:

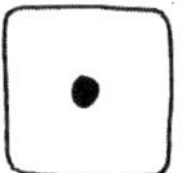 1. Person Singular: ich

 2. Person Singular: du

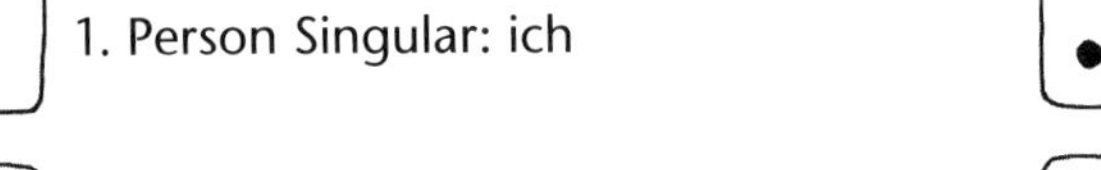 3. Person Singular: er, sie, es

 1. Person Plural: wir

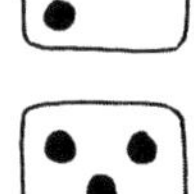 2. Person Plural: ihr

 3. Person Plural: sie

Zweiter Würfel – Zeitform:

 Präsens

 Präteritum

 Perfekt

 Plusquamperfekt

 Futur

 Joker: freie Wahl

Das Spiel kann sowohl in Einzelarbeit als auch in Partner- oder Gruppenarbeit (mit jeweils drei bis vier Spielern) gespielt werden. Zuerst zieht ein Schüler eine Verbkarte, danach würfelt er mit dem ersten Würfel die Personalform und mit dem zweiten Würfel die Zeitform. Anschließend muss er das Verb in die entsprechende Personal- und Zeitform setzen. Seine Mitschüler kontrollieren die Antwort ggf. anhand der Lösungsliste. Ist sie richtig, erhält der Spieler einen Punkt. Derjenige, der nach einer vorher vereinbarten Zeit die meisten Punkte hat, ist der Gewinner.

Beispiel:

Verbkarte: kaufen, erster Würfel: 3, zweiter Würfel: 4
Lösung: er/sie/es hatte gekauft

5.3 Zeitformen – Eckenraten

  10–15 Min. | Kl. 5–7

 keine

 keine

verstehend zuhören, sprachliche Strukturen untersuchen und reflektieren

Die vier Ecken des Klassenzimmers werden in vier Zeitformen des Verbs eingeteilt, z. B. Präsens, Präteritum, Perfekt und Plusquamperfekt. Die Schüler verteilen sich in der Mitte des Klassenzimmers und bewegen sich im Raum. Sobald die Lehrkraft eine Verbform nennt, finden sich die Schüler in der passenden Ecke ein. Wer in der falschen Ecke steht, scheidet aus.

Variante:
Anstelle der Zeitformen können auch Wortarten gewählt werden. Den vier Ecken werden z. B. Nomen, Verb, Adjektiv und Präpositionen zugeordnet.

5.4 Satzarten – Wurfball

  15 Min. | Kl. 5/6

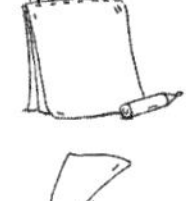 kleines Sandsäckchen

 keine

 verstehend zuhören, sprachliche Strukturen untersuchen und reflektieren

Alle stehen von ihrem Platz auf. Die Lehrkraft wirft einem Schüler das Sandsäckchen zu und nennt dabei einen kurzen Satz. Der Schüler muss das Säckchen zurückwerfen und den Satz je nach Vorgabe umwandeln, z. B. in einen Fragesatz. Möglich sind Aussagesätze, Fragesätze, Aufforderungssätze und Wünsche („Wenn doch …"). Ist die Antwort richtig, darf er stehen bleiben, ist sie falsch, muss er sich auf seinen Stuhl setzen. Sieger ist, wer am Schluss als Einziger noch an seinem Platz steht.

Beispiel:

Lehrer: „Miriam geht heute Nachmittag ins Schwimmbad. Fragesatz."
Schüler: „Geht Miriam heute Nachmittag ins Schwimmbad?"

5.5 Wortarten raten

  10 Min. 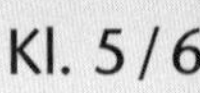 Kl. 5/6

 Karteikarten in drei verschiedenen Farben (je ein Satz pro Schüler)

 keine

 verstehend zuhören, sprachliche Strukturen untersuchen und reflektieren

Die Schüler erhalten jeweils drei Farbkarten, z. B. rot, blau und gelb. Die Lehrkraft ordnet den Wortarten eine entsprechende Farbe zu, z. B. Verb: gelb, Nomen: rot, Adjektiv: blau.
Dann nennt der Spielleiter ein Wort und die Schüler müssen die Farbkarte hochhalten, die der Wortart entspricht. Wer eine falsche Farbe wählt, scheidet aus.

Spielbedingung: Alle Farbkarten liegen immer auf dem Tisch und dürfen erst nach dem genannten Wort gezogen werden.

5.6 Adverbialien würfeln

 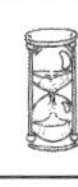 20 Min. Kl. 5–7

 etwas größere Würfel

 Bekleben Sie die Würfel mit den Adverbialbestimmungen (Ort, Zeit, Art und Weise, Grund). Verwenden Sie hierzu evtl. nur die Anfangsbuchstaben O, Z, A/W, G.

 sprachliche Strukturen untersuchen und reflektieren

Die Klasse sitzt im Kreis und der erste Schüler beginnt zu würfeln. Er muss nun einen Satz bilden, der die gewürfelte Adverbialbestimmung enthält, und zudem das richtige Fragepronomen ergänzen. Es wird reihum gewürfelt. Das Spiel kann erschwert werden, indem zwei Würfel eingesetzt werden und zwei Adverbialbestimmungen im Satz enthalten sein sollen.

Beispiele:

1. Ein Würfel: Die Adverbialbestimmung „Ort" wird gewürfelt.
   Schüler: „Ich gehe heute auf den Fußballplatz. Das Fragepronomen lautet ‚Wohin?'"
2. Zwei Würfel: Es werden die Adverbialbestimmungen „Zeit" und „Ort" gewürfelt.
   Schüler: „Martin wohnt seit drei Jahren in München. Die Fragepronomen lauten ‚Seit wann?' und ‚Wo?'"

5.7 Teekesselchen (Wörter mit Doppelbedeutung)

15 Min.

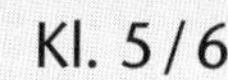

Kl. 5/6

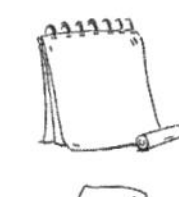 keine

 Bereiten Sie evtl. eine Liste mit Wörtern, die eine Doppelbedeutung haben, vor.

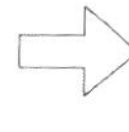 verstehend zuhören, sprachliche Verständigung untersuchen und reflektieren

Die Lehrkraft teilt die Klasse in zwei Teams ein; innerhalb der einzelnen Mannschaften arbeiten immer zwei Schüler zusammen. Sie überlegen sich in Partnerarbeit doppeldeutige Wörter mit ihren Erklärungen. Alternativ können sie eine Liste mit Wörtern, die eine Doppelbedeutung haben, erhalten. Die ausgedachten Begriffe werden in der Folge als „Teekesselchen" bezeichnet. Die Schüler sollen den Begriff, der sich hinter dem Wort „Teekesselchen" versteckt, so beschreiben, dass ihn die Mitschüler erraten können. Die Partner stellen nun der Klasse ihr Teekesselchen vor; dabei wird abwechselnd jeweils nur ein Hinweis preisgegeben. Für jeden erratenen Begriff gibt es einen Punkt. Das Team, das am Schluss die meisten Punkte hat, hat gewonnen.

Beispiel:

Schüler 1: „Auf meinem Teekesselchen kann ich sitzen."
Schüler 2: „Bei meinem Teekesselchen kann ich Geld wechseln."
Lösung: Bank

Weitere Beispiele für doppeldeutige Wörter:

Leiter, Steuer, Tau, Bund, Ball, Decke, Hahn, Pflaster, Eselsohr, Boxer, Gericht, Note, Nagel, Kreuz, Schimmel, Sichel, Wirtschaft, Zylinder, Strauß

5.8 Die Wer-(mit Wem-)Wo-Wann-Was-Wie-Warum-Geschichte

 15 Min.

Kl. 5–7

 DIN-A4-Blätter (entsprechend der Gruppenanzahl)

 keine

 über Schreibfertigkeiten und -fähigkeiten verfügen, Texte planen und schreiben, richtig schreiben

Die Klasse wird in Dreier- oder Sechsergruppen eingeteilt. Der erste Schüler schreibt auf einen Zettel, wer (evtl. auch mit wem) etwas tut. Dann faltet er den Zettel so, dass das Geschriebene verdeckt ist, und reicht ihn an das nächste Gruppenmitglied weiter. Dieses notiert dann, wo etwas passiert ist, faltet den Zettel erneut und gibt ihn weiter, bis alle W-Fragen beantwortet sind. Dann wird der Zettel aufgefaltet und vorgelesen. Es entstehen oft sehr witzige Geschichten.

Variante:
Die ganze Gruppe schreibt ein Zeitungsinserat. Jeder schreibt wieder nur einen Teil auf, faltet das Blatt und gibt es an den Nächsten weiter. Folgende Fragen können hierbei beantwortet werden: Wer oder was? Wie ist es beschaffen? Was geschah damit? Unter welchen Umständen geschah es? Zu welchem Preis wird es angeboten? An wen ist das Angebot gerichtet?

5.9 Redewendungen-Puzzle

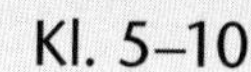

DIN-A4-Blätter (entsprechend der Gruppenanzahl)

Schreiben Sie mehrere Redewendungen so auf ein Blatt Papier, dass sie jeweils in zwei Satzhälften aufgeteilt sind.
Beispiel: | Wer zuletzt lacht, | | lacht am besten. |
Schneiden Sie die beiden Satzhälften anschließend aus.

sprachliche Verständigung untersuchen und reflektieren

Die Schüler arbeiten in Zweiergruppen. Sie erhalten die unterschiedlichen Satzteile der Sprichwörter und müssen diese in möglichst kurzer Zeit wieder richtig zusammensetzen.

Mögliche Sprichwörter:

Wer zuletzt lacht, lacht am besten.
Wer andern eine Grube gräbt, fällt selbst hinein.
Was man nicht im Kopf hat, hat man in den Beinen.
Auch ein blindes Huhn findet mal ein Korn.
Vorsicht ist die Mutter der Porzellankiste.
Was Hänschen nicht lernt, lernt Hans nimmer mehr.
Wie man in den Wald hineinruft, so schallt es heraus.
Der Ton macht die Musik.
In der Ruhe liegt die Kraft.
Ohne Fleiß kein Preis.
Was du heute kannst besorgen, das verschiebe nicht auf morgen.
Kleider machen Leute.
Ehrlich währt am längsten.

zwei DIN-A4-Blätter, Klebestreifen, zwei Stühle

Schreiben Sie die Wörter „richtig" und „falsch" jeweils auf ein Blatt Papier und kleben Sie die Blätter an die Rückenlehne von zwei Stühlen.

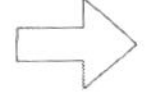

verstehend zuhören

Nach einer gründlichen Erarbeitung eines Textes, egal ob Lektüre, Kurzgeschichte, Vorbereitung des Aufsatzes (Nacherzählung, Vorgangsbeschreibung ...), Fabel etc. eignet sich dieses Spiel, um das Textverständnis zu überprüfen.

Dabei wird die Klasse in zwei Gruppen eingeteilt. Vor der Tafel stehen zwei Stühle, die mit den Wortkarten „richtig" und „falsch" markiert sind. Es treten immer zwei Schüler gegeneinander an, die in einem mittleren Abstand (eventuell hinter einer Markierungslinie) zu den beiden Stühlen stehen.
Die Lehrkraft liest nun textbezogene Aussagen vor, die entweder richtig oder falsch sind. Daraufhin müssen die gegeneinander antretenden Schüler möglichst schnell den entsprechenden Stuhl erreichen, um einen Punkt für ihre Mannschaft zu holen. Sitzt ein Schüler auf einem falschen Stuhl, gibt es Punktabzug oder einen Punkt für das gegnerische Team.

6.2 Richtig oder falsch? (2)

10 Min. | Kl. 5–8

grüne und rote Karteikarten (jeweils entsprechend der Schülerzahl)

Malen Sie auf die grünen Karten einen lachenden Smiley, auf die roten Karten einen traurigen Smiley.

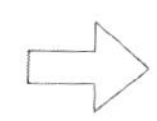

verstehend zuhören

Anhand dieser Karten kann das Verständnis von erarbeiteten Texten einfach visuell überprüft werden. Jeder Schüler erhält zwei unterschiedliche Smiley-Karten. Der Lehrer trägt eine textbezogene Aussage vor. Die Schüler halten die grüne Karte mit dem lachenden Smiley hoch, wenn sie diese für richtig halten, die rote Karte mit dem traurigen Smiley, wenn sie sie als falsch erachten. Nach jedem Durchgang soll die richtige Lösung begründet werden.

Variante:
Diese Methode eignet sich nicht nur zur Überprüfung von Textverständnis, sondern auch von Zeitformen oder Rechtschreibregeln, wie Wörter mit Doppelkonsonanten, Großschreibung von Nomen oder Wörter mit d/t, b/p, g/k.
Beschriften Sie hierzu im Vorfeld DIN-A4-Blätter mit jeweils einem richtig oder falsch geschriebenen Wort. Halten Sie jeweils ein Wort hoch. Die Schüler zeigen dann mithilfe der Smiley-Karten an, ob sie die Rechtschreibung für richtig halten.

Lese- oder Sprachbuch

Wählen Sie aus dem Lese- oder Sprachbuch verschiedene kurze Texte aus.

Lesetechniken und -strategien anwenden, Texte überarbeiten, Texte planen und schreiben

Weisen Sie jedem Schüler einen Text zu, den er mit Geheimschrift umarbeiten soll. Danach werden die verschlüsselten Texte im Klassenverband ausgetauscht und von den Schülern wieder decodiert.

Ideen für Geheimschrift:

1. Trenn-Code:

Der Text wird ohne Leerstellen zwischen den Wörtern abgeschrieben, dann werden Zwischenräume an falschen Stellen eingefügt.
Beispiel: Ich bin in der Schule. → IchbininderSchule. → Ichb ini nd erS chule.

2. Spiegelschrift:

Der Text wird mithilfe eines Spiegels abgeschrieben. Hierbei darf der Schüler nicht auf die entsprechende Seite im Buch sehen.

3. Rückwärtsschrift:

Die Wörter des ganzen Textes werden rückwärts aufgeschrieben.
Beispiel: Ich spiele Fußball. → hcI eleips llabßuF.

4. ABC-Code:

Zuerst wird das ganze Alphabet einmal vorwärts und darunter einmal rückwärts aufgeschrieben. Dann werden die Buchstaben der Wörter aus dem vorliegenden Text durch die entsprechenden Buchstaben aus der zweiten Reihe ersetzt.

A	B	C	D	E	F	G	H	I	J	K	L	M	N	O	P	Q	R	S	T	U	V	W	X	Y	Z
Z	Y	X	W	V	U	T	S	R	Q	P	O	N	M	L	K	J	I	H	G	F	E	D	C	B	A

Beispiel: Original-Wort: Baum → YZFN

5. Zahlen-Code:

Zuerst wird das ganze Alphabet aufgeschrieben und darunter werden die Zahlen von 1 bis 26 notiert. Die Buchstaben werden dann durch die entsprechende Zahl ersetzt.

A	B	C	D	E	F	G	H	I	J	K	L	M	N	O	P	Q	R	S	T	U	V	W	X	Y	Z
1	2	3	4	5	6	7	8	9	10	11	12	13	14	15	16	17	18	19	20	21	22	23	24	25	26

Beispiel: Tim geht zum Baden. → 20/9/13 7/5/8/20 26/21/13 2/1/4/5/14.

6.4 Rebusrätsel

  20 Min. **Kl. 5/6**

 Lese- oder Sprachbuch

 Wählen Sie geeignete kurze Texte aus dem Lese- bzw. Sprachbuch aus.

 Texte planen und schreiben, Texte überarbeiten

Die Schüler sollen einen Text so umschreiben und codieren, dass alle Wörter, die man mit Bildern bzw. Piktogrammen ersetzen kann, dementsprechend wiedergegeben werden. Es ist sinnvoll, der Klasse unterschiedliche Texte auszuteilen, da sie dann getauscht und wieder decodiert werden können.

Beispiel:

Das Hausdach war rot wie Blut.

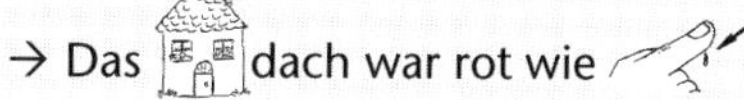

6.5 Satzzeichen einmal anders

  10 Min. **Kl. 5–10**

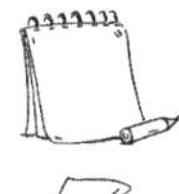 Lese- oder Sprachbuch

 Wählen Sie geeignete kurze Texte aus dem Lese- bzw. Sprachbuch aus.

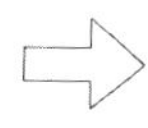 verstehend zuhören, Lesetechniken und -strategien anwenden

Der Lehrer gibt vor dem Lesen an, durch welches Geräusch, welche Gestik oder Mimik die Satzzeichen im Text ersetzt werden, z. B. Klatschen, Pfeifen, Schnalzen, Zwinkern, Sich-am-Ohr-Kratzen, Sich-die-Augen-Reiben usw. Sinnvoll ist es, zu Beginn erst einmal nur den Punkt zu ersetzen. Dann können zunehmend immer mehr Satzzeichen verändert werden. Entweder liest die Lehrkraft den Text vor und die Schüler ersetzen die Satzzeichen oder ein Schüler allein präsentiert den Text inklusive der veränderten Punkte, Kommas etc.

6.6 Sprechfehler

  15–20 Min. 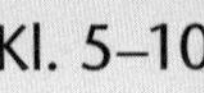

 Lese- oder Sprachbuch

 Wählen Sie evtl. einen Lesetext aus.

 Lesetechniken und -strategien anwenden, zu und vor anderen sprechen

Ein Lesetext wird gemeinsam ausgesucht oder vom Lehrer vorgegeben. Dann wird erklärt, welcher Sprechfehler bei der Leserunde eingehalten werden muss. Jeder Schüler liest nacheinander einen Satz. Hält ein Spieler die Regel nicht ein, scheidet er aus. Am Ende kann ein Sieger gekürt werden.

Beispiele:

1. Es darf kein „A" gesprochen werden.
2. Alle Artikel müssen vermieden werden.
3. Alle Wörter, die mit „F" beginnen, dürfen nicht ausgesprochen werden.

6.7 Schüttelwörter

  10 Min. Kl. 5–10

 keine

 Bereiten Sie 20 einfache bis schwierige Wörter als Schüttelwörter vor.

 Lesetechniken und -strategien anwenden, richtig schreiben

Die Klasse wird in zwei Mannschaften aufgeteilt. Der Lehrer notiert 20 Schüttelwörter an der Tafel. Es handelt sich hierbei um Wörter, deren Buchstaben in falscher Reihenfolge angeordnet wurden. Es müssen nicht unbedingt alle Buchstaben im Wort in einer anderen Reihenfolge angeordnet sein, es können auch nur Wortteile verdreht sein. Die Gruppen müssen sich nun notieren, welche Wörter sich hinter den Buchstabenkombinationen verbergen. Gewonnen hat das Team, das als erstes alle Wörter wieder richtig entschlüsselt hat.

Beispiele:

1. luchSe → Schule
2. Bubenstach → Buchstaben

6.8 Lesekönig

20 Min.

Kl. 5–10

Lesetext

Wählen Sie einen geeigneten Text aus.

Lesetechniken und -strategien anwenden, zu und vor anderen sprechen

Der erste Schüler bekommt einen kurzen Lesetext vorgelegt, den er innerhalb einer Minute (oder 30 Sekunden) fehlerfrei vorlesen muss. Der Spielleiter zählt mit, wie viele Wörter fehlerhaft gelesen wurden. Falls der Text nicht ganz vorgetragen wurde, werden auch die fehlenden Sätze als Fehler angerechnet. Danach ist der nächste Schüler an der Reihe. Lesekönig ist derjenige, der die wenigsten Fehler gemacht hat.

6.9 Lesefehlertext

20 Min.

Kl. 5–7

Lesetext

Bereiten Sie einen Lesetext so vor, dass sich in jedem Satz ein falsches Wort mit eingeschmuggelt hat.

Lesetechniken und -strategien anwenden

Alle Schüler erhalten den präparierten Text. Auf ein Startsignal hin liest jeder Schüler diesen in Stillarbeit und markiert (einkreisen, unterstreichen, durchstreichen ...) die „falschen Wörter". Diese müssen korrekt verbessert werden. Sieger ist, wer die meisten Wörter gefunden und richtig notiert hat.

Beispiel:

Am Nachmittag half ich mir meiner Mutter beim Kuchenbacken.
Verbesserung: „mir" ist falsch
Am Nachmittag half ich meiner Mutter beim Kuchenbacken.

7.1 Alles auf den Tisch

  10 Min. | Kl. 5–7

 Decke, ca. 20–30 kleine Gegenstände, z. B. Kreide, Spitzer, Apfel, Brille, Magnet

 keine

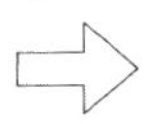 Merkfähigkeit fördern

Auf einem Tisch werden der Klasse verschiedene Gegenstände präsentiert (zu Beginn ca. fünf bis zehn). Die Schüler betrachten ungefähr zwei Minuten lang still alle Gegenstände und prägen sie sich ein. Dann wird eine Decke darüber gelegt und jeder notiert sich alle gesehenen Dinge. Gewonnen hat, wer sich alles merken konnte.

Varianten:
- Die Gegenstände liegen in einer bestimmten Reihenfolge auf dem Tisch und müssen auch folgerichtig wieder aufgeschrieben werden.
- Es dürfen nur die bestimmten Artikel zu den Gegenständen aufgeschrieben werden.

7.2 Koffer packen

20 Min. | Kl. 5–10

 keine

 keine

 verstehend zuhören, zu und vor anderen sprechen

Der Spielleiter beginnt das Spiel: „Ich packe meinen Koffer und nehme meine Schultasche mit." Danach ist der erste Schüler an der Reihe. Er wiederholt den Satz und fügt einen Gegenstand hinzu: „Ich packe meinen Koffer und nehme eine Schultasche und ein Handy mit." Der nächste Schüler wiederholt das Gesagte und ergänzt einen weiteren Gegenstand.

Varianten:
- Es werden nur bestimmte Gegenstände mitgenommen, z. B. aus der Küche, aus dem Wohnzimmer, aus dem Schulhaus, aus dem Schwimmbad.
- Die Gegenstände dürfen nur aus vier oder fünf Buchstaben bestehen.
- Die Gegenstände müssen mit einem bestimmten Buchstaben beginnen.

7.3 Gedächtnisspiel

15 Min.
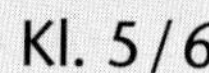
Kl. 5/6

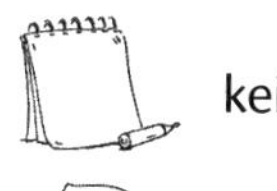
keine

keine

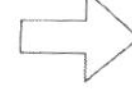
verstehend zuhören, zu und vor anderen sprechen

Das Spiel ist zum Kennenlernen in einer neuen Klasse gut geeignet. Es funktioniert wie das bekannte Spiel „Ich packe meinen Koffer und nehme … mit". Hierbei müssen sich die Schüler vorstellen und einen Gegenstand nennen, der mit dem gleichen Buchstaben beginnt wie ihr Vorname. Der erste Schüler beginnt folgendermaßen: „Wir machen einen Klassenausflug. Ich heiße … und nehme … mit." Dann ist der nächste Schüler an der Reihe. Er wiederholt, was sein Vorgänger gesagt hat, und stellt sich selbst vor. So geht es reihum, bis alle Schüler dran waren. Falls jemand nicht mehr weiter weiß, muss er es nach dem nächsten Schüler noch einmal probieren.

Beispiel:

Schüler 1: „Wir machen einen Klassenausflug. Ich heiße **A**nna und nehme einen **A**pfel mit."
Schüler 2: „Wir machen einen Klassenausflug. **A**nna nimmt einen **A**pfel mit. Ich heiße **F**elix und nehme einen **F**ußball mit."
Usw.

8.1 Zusammengesetzte Nomen

  10 Min. Kl. 5–10

 keine

 keine

 verstehend zuhören, mit anderen sprechen, sprachliche Strukturen untersuchen und reflektieren

Das Spiel kann mündlich im ganzen Klassenverband oder mündlich bzw. schriftlich in Partner- oder Gruppenarbeit ausgeführt werden. Der Spielleiter gibt ein zusammengesetztes Nomen vor. Ein Schüler übernimmt den zweiten Teil des Wortes und setzt es mit einem neuen Nomen zusammen. Der nächste Schüler verfährt ebenso usw.

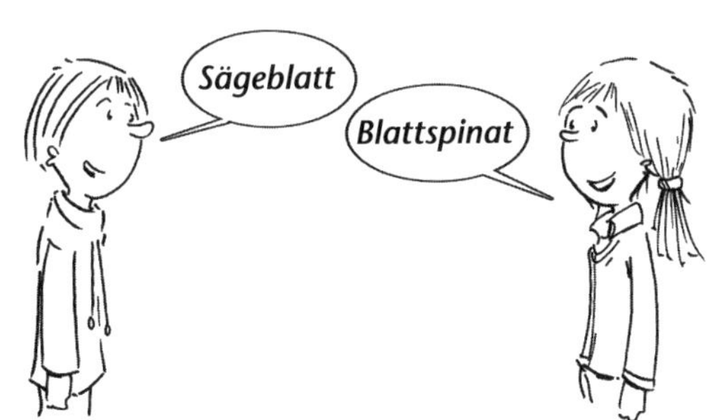

Beispiel:

Fahrradwimpel → Wimpelkette → Kettensäge → Sägeblatt …

8.2 Wörterkette mit Endbuchstaben

 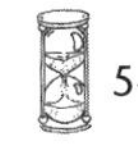 5–10 Min. Kl. 5–7

 keine

 keine

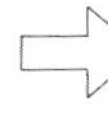 verstehend zuhören, mit anderen sprechen

Das Spiel kann mündlich im ganzen Klassenverband oder mündlich bzw. schriftlich in Partner- oder Gruppenarbeit ausgeführt werden. Die Lehrkraft gibt ein Nomen aus einem ausgewählten Bereich (Vornamen, Tiere …) vor. Ein Schüler überlegt sich ein neues Nomen, das mit dem Endbuchstaben beginnt. Der nächste Schüler verfährt ebenso usw.

Beispiel:

Michae**l** – **L**inu**s** – **S**tefa**n** – **N**icole – …

8.3 Wer schreibt am schnellsten?

  10 Min. 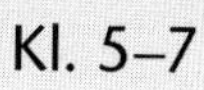 Kl. 5–7

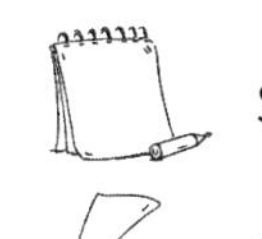 Stoppuhr

 keine

 über Schreibfertigkeiten und -fähigkeiten verfügen, richtig schreiben

Jeder Schüler sitzt an seinem Platz und hält Zettel und Stift bereit. Der Lehrer nennt einen Oberbegriff und gibt den Schülern eine Minute Zeit (variabel, je nach Klasse). Sie sollen möglichst viele Begriffe notieren, die sie mit dem genannten Oberbegriff in Verbindung bringen. Nach Ablauf der Zeit beendet die Lehrkraft die Schreibphase. Die Wörter werden gezählt und verglichen. Sieger ist derjenige, der die meisten sinnvollen und „lesbaren" Wörter gefunden hat.

Beispiel:

Oberbegriff „Bauernhof":
Mögliche Begriffe: Traktor, Schwein, Kuh, Bauer, Stall, Mähdrescher …

8.4 Flüsterpost

  5–10 Min. Kl. 5/6

 keine

 keine

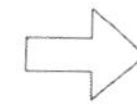 verstehend zuhören

Die Klasse bildet einen Stuhlkreis. Die Lehrkraft überlegt sich ein Wort und flüstert es dem Schüler, der links neben ihr sitzt, ins Ohr. Dieser flüstert nun das, was er verstanden hat, dem Klassenkameraden links von ihm ins Ohr. Das Wort macht somit die ganze Runde. Der letzte Schüler, der rechts vom Lehrer sitzt, sagt es dann laut vor der Klasse. Im besten Fall ist das „Endwort" identisch mit dem Wort, das sich die Lehrkraft überlegt hat.

8.5 Wer bin ich?

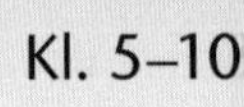

20 Min. | Kl. 5–10

Karteikarten

Bereiten Sie kleine Wortkarten mit Namen von berühmten Personen, Dingen, Tieren etc. vor.

verstehend zuhören, zu und vor anderen sprechen

Die Klasse wird in zwei Mannschaften eingeteilt und per Losverfahren wird entschieden, welche Gruppe bzw. welcher Schüler beginnt. Der Spielleiter zeigt dem Schüler das Kärtchen mit dem Begriff und die zwei Mannschaften fangen nun abwechselnd an zu raten. Sie dürfen dabei nur Fragen an den Schüler stellen, die dieser mit „Ja" oder „Nein" beantworten kann. Wenn die Antwort auf eine Frage „Ja" lautet, darf die Gruppe erneut so lange Fragen stellen, bis der Schüler sie verneint. Dann ist die andere Mannschaft an der Reihe. Einen Punkt erhält das Team, das am Ende den Begriff auf dem Kärtchen errät. Nun wird ein anderer Spieler bestimmt, der die Fragen beantwortet.

Variante:
Jeder Schüler schreibt seinen eigenen Namen auf einen Zettel. Alle Karten werden eingesammelt und gemischt. Dann zieht jeder Schüler eine Karte (mit dem Namen eines Mitschülers). Nun muss die Klasse einem Schüler Fragen zu der geheimen Person stellen, die er nur mit „Ja" oder „Nein" beantworten darf.

8.6 Stadt, Land, Fluss

 keine

 keine

 über Schreibfertigkeiten und -fähigkeiten verfügen, sprachliche Strukturen untersuchen und reflektieren

Das Spiel funktioniert wie das altbekannte Stadt, Land, Fluss. Diese drei Oberbegriffe werden ersetzt durch Nomen (evtl. auch zusammengesetzt), Adjektiv und Verb. Jeder notiert sich diese Begriffe in einer Tabelle. Ein Schüler beginnt laut mit dem Buchstaben A und sagt im Stillen das Alphabet weiter auf, ein anderer Schüler stoppt ihn. Wenn das Wort „Stopp" gefallen ist, nennt der Schüler laut den Buchstaben, bei dem er gerade angelangt ist. Dann läuft die Zeit und jeder Teilnehmer muss in jede Spalte ein Wort mit dem entsprechenden Anfangsbuchstaben notieren. Sobald der erste fertig ist, ruft er laut „Stopp" und alle anderen müssen sofort ihren Stift weglegen. Daraufhin werden die Wörter verglichen.

Hat ein Mitspieler ebenfalls das gleiche Wort notiert, gibt es fünf Punkte. Zehn Punkte erhält man, wenn Wörter nicht doppelt genannt wurden. Die Punkte werden alle zusammengezählt und das Spiel beginnt erneut.

Beispiel:

Nomen	Adjektiv	Verb
Blume	böse	backen
Nudel	nussig	notieren
Köln	kalt	kriechen

© Auer Verlag

8.7 Pantomime

  10 Min. Kl. 7–10

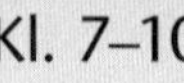

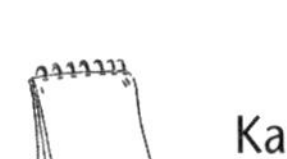 Karteikarten

 Bereiten Sie Karten mit Begriffen eines Themenbereichs vor.

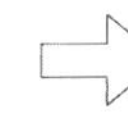 szenisch spielen

Die Klasse wird in zwei Mannschaften eingeteilt und per Losverfahren wird entschieden, welche Gruppe bzw. welcher Schüler beginnt. Dem ausgewählten Schüler zeigt der Spielleiter ein Wort auf einer Karte. Dieser muss dann den gesuchten Begriff vor der Klasse gut sichtbar pantomimisch darstellen. Einen Punkt bekommt die Mannschaft, die den Begriff als erste errät. Danach ist ein Schüler aus der Gegenmannschaft an der Reihe.

Mögliche Themenbereiche:

Gefühle, Wetter, Tätigkeiten im Haus/Garten, Berufe, Untergrund, auf dem man sich bewegt (Sand, Eis, Schotter, Schnee ...)

8.8 Rückenmassage mit Buchstaben

  10 Min. Kl. 5/6

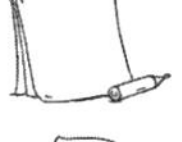 evtl. Diktattext

 Sie können einen Diktattext zur Verfügung stellen.

 richtig schreiben

Die Schüler finden sich paarweise zusammen. Ein Schüler malt seinem Partner langsam und „deutlich" einzelne Buchstaben auf den Rücken. Dieser muss das Wort erraten. Das Spiel kann erst einmal nur mit einfachen Wörtern beginnen, die sich evtl. die Schüler selbst überlegen. Dann kann der Schwierigkeitsgrad gesteigert werden, indem Fremdwörter oder Merkwörter eines Diktats verwendet werden, die dann aufgeschrieben und rechtschriftlich überprüft werden können.

8.9 Montagsmaler

  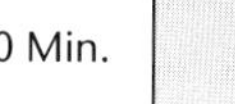 20 Min. 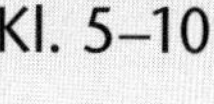 Kl. 5–10

 Karteikarten, evtl. Stoppuhr

 Bereiten Sie Karten mit Begriffen aus verschiedenen Themenbereichen vor.

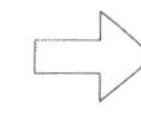 Kreativität fördern

Ein Schüler kommt nach vorne und zieht eine Karte. Diesen Begriff zeichnet er an die Tafel. Die Mitschüler sollen herausfinden, was seine Zeichnung darstellt. Es besteht die Möglichkeit, dass entweder alle Schüler raten oder zwei bis drei Mannschaften gebildet werden. Es kann eine Zeit vorgegeben werden, innerhalb derer möglichst viele Begriffe erkannt werden müssen.

Mögliche Themenbereiche:

- Redewendungen und Sprichwörter
- Klassenregeln
- Hobbys
- zusammengesetzte Nomen (Nomen + Nomen)

8.10 Buchstabensalat

  10 Min. Kl. 5–10

 evtl. Stoppuhr

 keine

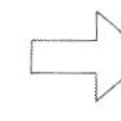 mit anderen sprechen, richtig schreiben

Die Schüler werden in Zweierteams eingeteilt. Der Lehrer gibt ihnen z. B. fünf Buchstaben vor und sie müssen möglichst viele sinnvolle Wörter damit bilden. Dies kann auch mit einer Zeitvorgabe geschehen. Es kann entweder ein Punkt pro Wort oder pro Buchstabe gegeben werden.

Beispiel:

S – O – D – E – R → Dose, oder, des, der, so, Rose …

© Auer Verlag

8.11 Klassenmemory

30 Min.
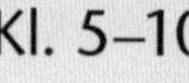
Kl. 5–10

keine

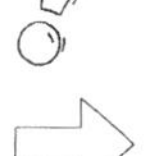
keine

Merk- und Kombinationsfähigkeit fördern

Der Lehrer wählt je nach Klassenstärke zwei bis vier Schüler aus, die das Zimmer kurz verlassen. In dieser Zeit gibt er der Klasse einen Themenbereich vor und jeder Schüler wählt einen zu ihm passenden Begriff. Alle Wörter werden an der Tafel notiert.
Nun tauschen die Schüler im Klassenzimmer ihre Plätze, wobei die Plätze der ratenden Schüler frei bleiben. Die vor der Türe wartenden Schüler werden hereingeholt. Sie sehen sich die Namen an der Tafel an und geben abwechselnd vor, wer mit wem tauscht. Sie müssen nun durch Ausprobieren und Kombinieren die Wörter bzw. Namen an der Tafel den entsprechenden Schülern zuordnen und auch diese wieder richtig an ihren ursprünglichen Platz setzen. Wichtig ist, dass die beiden Schüler, die sich hinter den genannten Namen verbergen, gleichzeitig aufstehen. Ansonsten wird natürlich sehr schnell verraten, wer hinter welchem Synonym steckt.

Mögliche Themenbereiche:

Hobbys, Lieblingsstars, Sommer, Winter, Schule, Ferien ...

8.12 Hangman

20 Min.
Kl. 5–10

keine

keine

mit anderen sprechen, richtig schreiben

Dieses Spiel kann mit beliebigen Wörtern oder aber auch mit Fremd- bzw. Merkwörtern eines Diktats durchgeführt werden. Die Klasse wird in zwei Gruppen eingeteilt, die gegeneinander spielen. Ein Schüler schreibt nur den Anfangsbuchstaben seines geheimen Wortes an die Tafel, die anderen Buchstaben sind lediglich mit Unterstrichen gekennzeichnet. Dann nennen die zwei Teams abwechselnd Buchstaben. Kommen diese in dem Wort vor, werden sie auf den Linien eingetragen, wenn nicht, dann wird ein Teil des Galgens ergänzt. Die Gruppe, die das Wort errät, bekommt einen Punkt.

8.13 Wortleiter

  10–15 Min. | Kl. 5–10

 keine

 keine

 richtig schreiben, sprachliche Strukturen untersuchen und reflektieren

Es werden zwei Wörter mit der gleichen Buchstabenanzahl nebeneinander senkrecht an die Tafel geschrieben. Dann müssen die sich gegenüberliegenden Buchstaben zu einem sinnvollen Wort verbunden werden. Die Schüler können in Einzel- oder Partnerarbeit rätseln. Der schnellste gewinnt.

Beispiele:

1.	**A**	PFE	**L**	2.	**B**	IERTISC	**H**
	M	AM	**A**		**A**	PFELB	**A** UM
	P	OTSDA	**M**		**U**	H	**U**
	E	URO	**P** A		**M**	AU	**S**
	L	EIT	**E** R				

8.14 Wortartensalat

  10 Min. | Kl. 5/6

 keine

 keine

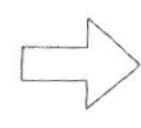 verstehend zuhören, sprachliche Strukturen untersuchen und reflektieren

Die Klasse bildet einen Stuhlkreis. Alle Schüler werden in Gruppen (hier: Wortarten) eingeteilt: Verben, Adjektive, Nomen etc. (Alternative: Zeitformen, Autoren, Lektürenamen etc.). Ein Freiwilliger nimmt den Platz in der Mitte des Stuhlkreises ein. Nun ruft dieser z. B.: „Alle Verben tauschen den Platz!" Alle, die der Gruppe „Verben" angehören, müssen nun aufstehen und sich einen freien Platz suchen. Auch der Schüler aus der Mitte versucht, einen Platz im Stuhlkreis zu ergattern. Jetzt muss der Spieler, der keinen Platz gefunden hat, in die Kreismitte und das Spiel beginnt erneut. Es kann immer eine Wortart genannt werden oder auch der Begriff „Wortartensalat"; dann müssen alle Schüler aufstehen und sich schnellstmöglich einen neuen Platz suchen.

8.15 Sammelsurium

5–10 Min. Kl. 5–10

Stoppuhr

keine

richtig schreiben, sprachliche Strukturen untersuchen und reflektieren

Die Schüler sammeln in einer begrenzten Zeitspanne (sinnvoll sind ein bis zwei Minuten) möglichst viele Wörter mit einer vorgegebenen Eigenschaft und notieren diese. Der Lehrer stoppt dabei die Zeit. Der Spieler, der die meisten Wörter gefunden hat, erhält pro Wort einen Punkt.

Beispiele für vorgegebene Eigenschaften:

1. Doppeldeutige Wörter
2. Wörter, die mit „a", „b", „c"... beginnen
3. Wörter, die Doppelkonsonanten haben
4. Zusammengesetzte Nomen
5. Gegenstände in bestimmten Räumen, z. B. Klassenzimmer, Badezimmer, Bücherei
6. Gründe für ...
7. Reimwörter auf ...

8.16 Buchstaben würfeln

10–20 Min. Kl. 5–10

mehrere Buchstabenwürfel

keine

richtig schreiben

Der Lehrer zeichnet ein Quadrat mit 12 oder 16 Feldern an die Tafel. Dann dürfen zwei Schüler abwechselnd würfeln. Die Buchstaben werden in das Quadrat an der Tafel eingetragen. Auf ein Startsignal des Lehrers hin müssen nun alle Schüler versuchen, möglichst viele Wörter aus den gewürfelten Buchstaben zu bilden. Wer die meisten Wörter in einer Zeitspanne von ein bis zwei Minuten gefunden hat, ist Sieger (oder erhält einen Punkt, je nach Wertung).

Jederzeit optimal vorbereitet in den Unterricht?

»

Hier finden Sie alle Unterrichtsmaterialien

der Verlage Auer, PERSEN und scolix

immer und überall online verfügbar.

lehrerbuero.de

Jetzt kostenlos testen!

Das Online-Portal für Unterricht und Schulalltag!